SUPER FACILE

Plats du soir sans viande

Vincent Amiel

Photographies et stylisme
Claire Payen / Vincent Amiel

SOLAR EDITIONS

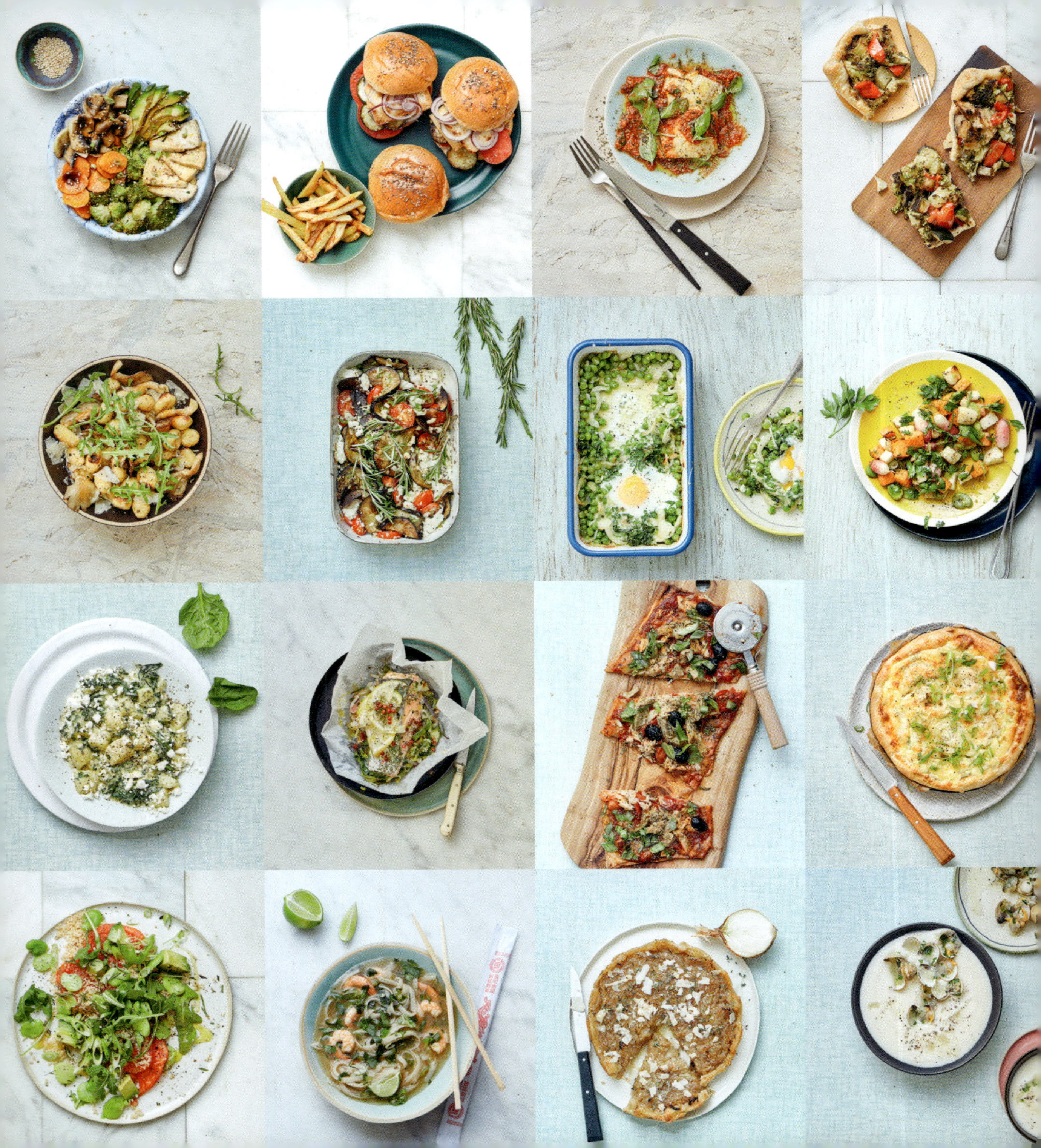

ÉDITO

Que vous soyez végétarien ou flexitarien, vous voulez apporter de l'équilibre à vos assiettes en diminuant ou stoppant votre consommation de viande ? Vous ne manquerez plus d'idées pour faire face à tous les impératifs et toutes les occasions du quotidien en déclinant légumes, légumineuses, céréales, produits de la mer…

Vincent Amiel a imaginé pour vous 90 recettes super faciles de petits plats du soir sans viande. Il vous offre dans ce livre ses secrets pour parvenir à l'équation idéale d'une cuisine vraiment simple et rapide, ou comment, avec peu d'ingrédients et aussi peu d'étapes, proposer des recettes équilibrées et originales sans viande.

Découvrez ainsi l'essentiel pour élaborer des salades, soupes, tartes, gratins, rôtis et mijotés privilégiant les produits de saison et révélant de nouvelles associations gourmandes. Déclinez vos envies avec des recettes qui redonneront du goût à votre cuisine de tous les jours.

Quand simplicité et saveur sont au rendez-vous, cuisiner sans viande devient…

… Super facile !

SOMMAIRE

VELOUTÉ
de champignons

Pour 4 personnes

Préparation : 10 min

Cuisson : 22 min

600 g de mélange de champignons lavés

150 g de crème fraîche épaisse

70 g de beurre

3 échalotes

¼ de botte de persil

10 cl de vin blanc

Sel, poivre

1 Taillez les champignons en deux ou quatre selon la taille. Épluchez et hachez les échalotes. Ciselez le persil.

2 Faites revenir dans une casserole les champignons dans le beurre avec les échalotes pendant 5 minutes.

3 Ajoutez le vin blanc, les trois quarts du persil et faites réduire pendant 2 minutes avant de mettre 2 cuillerées à soupe de champignons cuits de côté.

4 Versez dans la casserole la crème, 80 cl d'eau et faites mijoter 15 minutes.

5 Mixez le contenu de la casserole avec du sel et du poivre puis dressez 4 bols. Recouvrez des champignons cuits, ajustez l'assaisonnement et parsemez du restant de persil.

Notes : ....

....

....

Vous trouverez des mélanges de champignons déjà lavés au rayon surgelés.

VELOUTÉ
de chou-fleur

Pour 4 personnes

Préparation : 10 min

Cuisson : 25 min

1 chou-fleur

1 grosse pomme de terre

1 oignon blanc

150 g de crème fraîche épaisse

80 g de beurre

1 cuil. à soupe d'herbes de Provence

½ botte de ciboulette

Sel, poivre

Notes : ……………………

……………………

……………………

1 Coupez le chou-fleur en petits morceaux. Épluchez et émincez la pomme de terre et l'oignon.

2 Faites revenir dans une casserole l'oignon, le chou-fleur et la pomme de terre dans le beurre pendant 5 minutes.

3 Ajoutez la crème, les herbes de Provence et 80 cl d'eau. Faites mijoter 20 minutes.

4 Mixez le contenu de la casserole avec du sel et du poivre, puis dressez 4 bols. Ajustez l'assaisonnement et parsemez de la ciboulette préalablement ciselée.

Râpez 1 cuillerée à café de chou-fleur cru dans chaque bol au moment de servir pour apporter du croquant.

VELOUTÉ
de céleri-rave aux coques marinières

Pour 4 personnes
Préparation : 10 min
Cuisson : 20 min

650 g de céleri-rave
300 g de coques
4 échalotes
2 gousses d'ail
70 g de beurre
10 cl de vin blanc
⅓ de botte de persil
Sel, poivre

1 Épluchez le céleri, les échalotes et l'ail. Coupez le céleri en morceaux. Hachez les échalotes, l'ail et le persil.

2 Versez dans une casserole le céleri, l'ail, la moitié des échalotes, 40 g de beurre et 1 l d'eau. Faites mijoter 20 minutes à partir de l'ébullition.

3 Versez dans une poêle les coques, les échalotes et le beurre restants, le vin blanc et le persil. Faites revenir à feu vif jusqu'à ce que toutes les coques s'ouvrent.

4 Mixez le contenu de la casserole avec du sel et du poivre. Versez dans 4 bols et ajoutez les coques par-dessus.

Immergez les coques dans un grand volume d'eau froide pendant 20 minutes avant cuisson pour bien les dessabler et jetez celles qui remontent à la surface.

Notes : ....

SOUPE
citrouille, carotte, ossau-iraty

Pour 4 personnes
Préparation : 10 min
Cuisson : 20 min

500 g de citrouille
250 g de carottes
1 oignon rouge
2 gousses d'ail
50 g de beurre
40 g d'ossau-iraty
2 cuil. à soupe d'origan séché
4 branches de thym frais
Sel, poivre

1 Épluchez la citrouille, les carottes, l'oignon et l'ail. Coupez la citrouille et les carottes en morceaux. Hachez l'ail et l'oignon. Coupez l'ossau-iraty en copeaux à l'aide d'un épluche-légume.

2 Mettez dans une casserole la citrouille, les carottes, l'ail, l'oignon, le beurre, l'origan et 80 cl d'eau et faites mijoter 20 minutes.

3 Mixez le contenu de la casserole avec du sel et du poivre. Versez dans 4 bols, recouvrez d'ossau-iraty et parsemez de thym frais préalablement effeuillé.

Ajoutez 2 branches de thym frais dans l'eau de cuisson de la soupe pour parfumer, mais pensez bien à les retirer avant de mixer.

Notes :

SOUPE
de crevettes asiatique

Pour 4 personnes

Préparation : 10 min

Cuisson : 5 min

500 g de crevettes décortiquées crues congelées

200 g de nouilles de riz déshydratées

3 oignons fanes

4 cm de gingembre frais

1 cube de bouillon de légumes

1 citron vert

4 cuil. à soupe de sauce soja

⅓ de botte de coriandre

Sel, poivre

Notes : ....

....

....

1 Épluchez le gingembre et râpez-le. Épluchez et émincez les oignons, hachez la coriandre. Mettez une pincée d'oignon émincé et de coriandre hachée de côté. Coupez le citron en quatre.

2 Versez les crevettes, les nouilles, les oignons, le gingembre, le cube de bouillon, la coriandre, la sauce soja et 1 l d'eau dans une casserole.

3 Faites mijoter 5 minutes, salez et poivrez.

4 Dressez 4 bols. Parsemez des oignons et de la coriandre réservés. Servez avec 1 quartier de citron par bol.

Très bon avec un peu de piment frais, mais attention à ne pas abuser !

福
喜慶壽宴
服務週到
正宗料理
福

BOUILLON
d'algues et œufs mollets

Pour 4 personnes

Préparation : 10 min

Cuisson : 10 min

70 g d'algues séchées en magasin bio

4 œufs à température ambiante

½ poireau

2 navets

1 cuil. à soupe de gingembre en poudre

2 gousses d'ail

½ botte de persil

1 cuil. à café de graines de sésame

Sel, poivre

Notes : ....

....

....

1 Épluchez le poireau, les navets, l'ail et émincez-les finement. Ciselez le persil. Coupez les algues en morceaux.

2 Mettez les œufs dans une casserole d'eau à frémissement pendant 5 minutes avant de les plonger dans l'eau froide.

3 Versez le poireau, les navets, l'ail, le persil, les algues et 1 l d'eau dans une casserole.

4 Faites mijoter 5 minutes, salez et poivrez et répartissez la soupe et les œufs écalés dans 4 bols. Parsemez de graines de sésame avant de servir.

Vous pouvez remplacer les algues séchées par une petite poignée d'algues fraîches et dessalées.

VEGAN

SOUPE de carottes et lentilles corail

Pour 4 personnes

Préparation : 10 min

Cuisson : 15 min

500 g de carottes

130 g de lentilles corail

1 oignon rouge

2 gousses d'ail

1 cuil. à soupe de paprika en poudre

1 cuil. à soupe d'herbes de Provence

½ botte de coriandre

Sel, poivre

1 **Épluchez** et émincez les carottes, l'oignon et l'ail. Hachez la coriandre et rincez les lentilles.

2 **Versez** les carottes, les lentilles, l'oignon, l'ail, le paprika, les herbes de Provence, la moitié de la coriandre et 1 l d'eau dans une casserole.

3 **Faites mijoter** 15 minutes, salez et poivrez.

4 **Mixez,** versez dans 4 bols et recouvrez de la coriandre restante.

Vous pouvez ajouter un peu de lait de coco si vous voulez apporter un côté crémeux.

Notes : ....

VEGAN

SOUPE
de petits pois aux tortillas

Pour 4 personnes

Préparation : 5 min

Cuisson : 15 min

200 g de chips tortillas

500 g de petits pois congelés

1 pomme de terre

1 oignon blanc

2 gousses d'ail

20 cl de lait de coco

1 citron vert

1 cuil. à soupe de cumin en poudre

½ botte de coriandre

Sel, poivre

Notes :

1 Épluchez et émincez la pomme de terre, l'oignon et l'ail. Hachez la coriandre et coupez le citron en quartiers.

2 Mettez les petits pois, la pomme de terre, l'oignon, l'ail, le lait de coco, la moitié de la coriandre, le cumin et 1 l d'eau dans une casserole.

3 Faites mijoter pendant 15 minutes, salez et poivrez.

4 Mixez, versez dans 4 bols et recouvrez du restant de coriandre. Servez avec des quartiers de citron vert et les tortillas.

Vous pouvez remplacer le cumin par du ras el-hanout.

VEGAN

SOUPE

de chou chinois, curry, lait de coco

Pour 4 personnes

Préparation : 10 min

Cuisson : 10 min

600 g de chou chinois

2 oignons fanes

50 cl de lait de coco

4 cuil. à soupe de pâte de curry

⅓ de botte de coriandre

20 feuilles de menthe

Sel, piment en poudre

1 Épluchez les oignons. Émincez le chou, les oignons, la coriandre et la menthe.

2 Versez le chou, les oignons, le lait de coco, la pâte de curry et 80 cl d'eau dans une casserole.

3 Faites mijoter 10 minutes puis mélangez avec la coriandre, la menthe, du sel et un peu de piment. Servez dans 4 bols.

Vous pouvez réaliser cette recette avec d'autres sortes de choux.

Notes :

SOUPE
de tomates à la feta

Pour 4 personnes

Préparation : 5 min

Cuisson : 20 min

1 kg de pulpe de tomate

150 g de feta

5 gousses d'ail

1 oignon blanc

1 bouquet garni

10 feuilles de basilic

1 cuil. à soupe d'origan séché

Huile d'olive

Sel, poivre

Notes : ....

....

....

1 **Épluchez** et râpez l'ail et l'oignon.

2 **Versez** la pulpe de tomates, l'ail, l'oignon, le bouquet garni, l'origan et 50 cl d'eau dans une casserole.

3 **Faites mijoter** 20 minutes puis mixez avec du sel et du poivre.

4 **Servez** dans 4 bols, recouvrez de feta préalablement effritée et de basilic effeuillé. Arrosez d'un filet d'huile d'olive.

En été, remplacez la pulpe de tomate et l'eau par 1,5 kg de belles tomates bien mûres.

SOUPE
de cresson, chips de ravioles du Dauphiné

Pour 4 personnes

Préparation : 10 min

Cuisson : 13 min

2 bottes de cresson

240 g de ravioles du Dauphiné

1 grosse pomme de terre

1 oignon blanc

20 cl d'huile de friture

40 g de beurre

4 cuil. à soupe de crème fraîche épaisse

1 pincée de thym frais ou séché

Sel, poivre

1 Équeutez grossièrement le cresson. Épluchez et hachez la pomme de terre et l'oignon.

2 Faites revenir dans une casserole l'oignon et la pomme de terre avec le beurre pendant 2 minutes.

3 Ajoutez le cresson, 80 cl d'eau et prolongez la cuisson de 10 minutes.

4 Détachez et faites frire les ravioles dans un fond d'huile de friture à 190 °C pendant 1 minute avant de les égoutter.

5 Mixez la soupe avec du sel et du poivre. Parsemez de thym et des chips de ravioles. Servez avec 1 cuillerée à soupe de crème fraîche à mélanger au dernier moment.

Remplacez le cresson par des épinards ou des fanes de carottes.

Notes : ....

....

....

SOUPE
de légumes non mixés au pesto

Pour 4 personnes
Préparation : 10 min
Cuisson : 25 min

200 g de carottes
200 g de courgettes
200 g de tomates
200 g de poivrons
1 oignon jaune
200 g de pesto
10 feuilles de basilic frais
Huile d'olive
Sel, poivre

1 Épluchez les carottes et l'oignon. Videz les poivrons. Coupez les carottes, les courgettes, les tomates, les poivrons et l'oignon en petits morceaux.

2 Faites revenir dans une casserole les légumes pendant 5 minutes avec un filet d'huile d'olive, du sel et du poivre.

3 Ajoutez 1 l d'eau et faites mijoter 20 minutes.

4 Mélangez avec le pesto, servez dans 4 bols et parsemez de basilic.

Râpez un peu de parmesan dans la soupe au dernier moment.

Notes : ....

Merci
Merci for SERAX

SOUPE *vichyssoise*

Pour 4 personnes

Préparation : 10 min

Cuisson : 25 min

400 g de poireaux

400 g de pommes de terre

3 oignons fanes

200 g de crème fraîche épaisse

50 g de beurre

10 cl de vin blanc

1 cuil. à café rase de noix de muscade

Sel, poivre

Notes : ....

....

....

1 Épluchez les pommes de terre et les oignons. Lavez les poireaux. Émincez les poireaux, les pommes de terre et les oignons. Mettez une petite poignée d'oignons fanes de côté.

2 Faites revenir dans une casserole les poireaux, les pommes de terre et les oignons avec le beurre pendant 5 minutes.

3 Versez le vin blanc, la crème, la noix de muscade, 1 l d'eau puis faites mijoter 20 minutes.

4 Mixez, servez dans 4 bols et parsemez d'oignons fanes.

Ajoutez un cube de bouillon de légumes dans vos soupes pour les corser en goût.

RISOTTO
de gambas

Pour 4 personnes

Préparation : 5 min

Cuisson : 30 min

350 g de riz arborio ou riz rond

400 g de gambas décortiquées (si possible crues)

1 oignon jaune

3 gousses d'ail

50 g de parmesan râpé

10 cl de vin blanc

½ botte de persil

Huile d'olive

Sel, poivre

Notes : ....

....

....

1 Épluchez et hachez l'oignon et l'ail. Ciselez le persil.

2 Faites revenir dans une casserole l'oignon, l'ail et le riz avec un bon filet d'huile d'olive pendant 4 minutes.

3 Versez le vin blanc, 1,5 l d'eau et faites mijoter 23 minutes en remuant toutes les 5 minutes.

4 Ajoutez les gambas, le persil et prolongez la cuisson de 2 minutes.

5 Salez, poivrez, ajoutez le parmesan, mélangez et servez dans 4 assiettes creuses.

Vous pouvez aussi poêler les gambas avec le persil et 2 gousses d'ail hachées puis les mélanger au risotto.

RISOTTO *de quinoa, betterave et balsamique*

Pour 4 personnes

Préparation : 10 min

Cuisson : 17 min

250 g de quinoa

250 g de betteraves cuites

50 g de parmesan râpé

6 cl de vinaigre balsamique

2 échalotes

3 gousses d'ail

½ botte de coriandre

Huile d'olive

Sel, poivre

Notes : ....

1 **Épluchez** et hachez les échalotes et l'ail. Ciselez la coriandre. Épluchez les betteraves et coupez-les en petits morceaux.

2 **Faites revenir** dans une casserole les échalotes, l'ail et le quinoa avec un bon filet d'huile d'olive pendant 2 minutes.

3 **Ajoutez** les betteraves, le vinaigre, 1,5 l d'eau et faites mijoter 15 minutes en remuant toutes les 5 minutes.

4 **Ajoutez** le parmesan, la coriandre, du sel, du poivre et mélangez. Servez dans 4 assiettes creuses.

Remplacez la betterave cuite par de la betterave crue râpée très finement.

VEGAN

RIZ SAUTÉ
aux légumes sauce soja

Pour 4 personnes

Préparation : 10 min

Cuisson : 10 min

400 g de riz basmati

3 oignons fanes

1 courgette

1 carotte

1 petit brocoli

8 cl de sauce soja sucrée

2 cuil. à soupe de vinaigre blanc

2 cuil. à soupe de graines de sésame

Huile de pépins de raisin

Sel, poivre

Notes : ....

1 **Faites cuire** le riz al dente dans une casserole d'eau bouillante salée avant de l'égoutter.

2 **Épluchez** la carotte et les oignons. Émincez les oignons, coupez la courgette, la carotte et le brocoli en petits morceaux.

3 **Faites revenir** dans une poêle les légumes avec un bon filet d'huile pendant 10 minutes. Ajoutez le riz et mélangez.

4 **Versez** la sauce soja, le vinaigre, les graines de sésame, salez et poivrez. Mélangez et servez dans 4 assiettes.

Apportez un peu de fraîcheur en parsemant les plats de menthe ou de coriandre ciselées.

VEGAN

LENTILLES
aux légumes verts, ail frit

Pour 4 personnes

Préparation : 10 min

Cuisson : 15 min

300 g de lentilles vertes

200 g d'épinards

100 g de petits pois écossés

100 g de haricots plats

8 gousses d'ail

1 oignon rouge

⅓ de botte de persil

Huile d'olive

Sel, poivre

1 Faites cuire les lentilles dans une grande casserole d'eau bouillante le temps indiqué sur le paquet avant de les égoutter.

2 Épluchez et émincez l'ail et l'oignon. Hachez le persil. Équeutez les épinards. Coupez grossièrement les épinards et les haricots plats.

3 Faites revenir dans une casserole l'ail et l'oignon avec un filet d'huile d'olive pendant 2 minutes.

4 Ajoutez les épinards, les petits pois, les haricots plats et prolongez la cuisson de 5 minutes.

5 Versez les lentilles, le persil, du sel et du poivre dans la casserole. Mélangez et servez.

Utilisez du riz sauvage à la place des lentilles pour apporter un peu d'originalité à votre plat. Vous trouverez des pois déjà écossés chez Picard®.

Notes : ....

VEGAN

TAJINE de légumes

Pour 4 personnes

Préparation : 10 min

Cuisson : 25 min

3 pommes de terre

3 carottes

1 courgette

3 tomates

1 oignon jaune

4 gousses d'ail

150 g de pois chiches cuits au naturel

50 g d'olives

½ botte de persil

2 cuil. à soupe de ras el-hanout

Huile d'olive

Sel, poivre

Notes : ....

....

....

1 Épluchez les pommes de terre, les carottes, l'oignon et l'ail. Hachez le persil, l'oignon et l'ail.

2 Coupez en petits morceaux les pommes de terre, les carottes, les tomates et la courgette.

3 Disposez les ingrédients dans une petite casserole avec couvercle dans l'ordre suivant : les oignons, les pommes de terre, les tomates, la moitié du persil, l'ail, les carottes, les courgettes, les pois chiches et les olives. Arrosez d'un verre d'eau, d'un bon filet d'huile d'olive, salez, poivrez et parsemez de ras el-hanout.

4 Placez le couvercle et faites mijoter à feu doux pendant 25 minutes puis parsemez du restant de persil.

Si vous n'avez pas de couvercle, fermez la casserole avec une autre casserole plus grande.

NOUILLES
sautées, tofu, soja, gingembre

Pour 4 personnes

Préparation : 10 min

Cuisson : 3 min

600 g de nouilles chinoises aux œufs

200 g de tofu fumé ou nature

2 poivrons rouges

1 oignon blanc

3 gousses d'ail

5 cm de gingembre frais

½ botte de coriandre

10 cl de sauce soja

1 cuil. à café de piment frais haché ou de piment séché

Huile de pépins de raisin

Sel

Notes : ....

....

....

1 Épluchez l'oignon et l'ail. Videz les poivrons. Émincez l'oignon, les poivrons et la coriandre. Hachez l'ail et le gingembre. Coupez le tofu en cubes.

2 Plongez les nouilles 2 minutes dans une casserole d'eau bouillante salée avant de les égoutter.

3 Faites revenir dans une poêle le tofu, les poivrons, l'oignon, le gingembre, l'ail et le piment avec un bon filet d'huile pendant 3 minutes.

4 Ajoutez les nouilles, la coriandre, la sauce soja et un peu de sel. Mélangez et dressez 4 assiettes.

Ajoutez quelques cacahuètes concassées pour plus de croquant.

PAD THAÏ
végétarien

Pour 4 personnes

Préparation : 10 min

Cuisson : 8 min

400 g de nouilles de riz

500 g de chou chinois

1 poivron rouge

2 carottes

1 oignon blanc

2 œufs

1 botte de basilic

1 citron vert

4 cuil. à soupe de sauce soja

2 cuil. à soupe
de sauce nuoc-mâm

Huile de pépins de raisin

Sel, piment en poudre

Notes : ______________

____

____

1 **Faites cuire** les nouilles de riz dans une casserole d'eau bouillante salée pendant 5 minutes avant de les égoutter.

2 **Videz** le poivron et épluchez les carottes et l'oignon. Émincez le chou, le poivron, les carottes, l'oignon et le basilic.

3 **Faites revenir** dans une poêle ou un wok, à feu vif, les poivrons, les carottes et les oignons avec un bon filet d'huile pendant 3 minutes. Cassez les œufs dans la poêle et prolongez la cuisson de 1 minute en mélangeant.

4 **Ajoutez** le chou chinois et faites cuire 5 minutes supplémentaires.

5 **Versez** dans la poêle les nouilles, le basilic, la sauce nuoc-mâm, la sauce soja, du sel, le piment en poudre et mélangez. Servez avec des quartiers de citron.

Vous pouvez réaliser cette recette avec des vermicelles de riz.

PÂTES
pesto-gorgonzola

Pour 4 personnes

Préparation : 5 min

Cuisson : 8-12 min (selon le type de pâtes)

- 500 g de pâtes de votre choix
- 200 g de gorgonzola
- 50 g de parmesan râpé
- 3 gousses d'ail
- 1 botte de basilic
- 30 g de mélange de graines pour salade
- 1 cuil. à soupe d'origan séché
- Huile d'olive
- Sel, poivre

Notes : ....

....

....

1 Faites cuire les pâtes le temps indiqué sur le paquet avant de les égoutter.

2 Préparez le reste des ingrédients pendant la cuisson des pâtes : coupez le gorgonzola en petits morceaux, épluchez et râpez l'ail, ciselez le basilic.

3 Mélangez les pâtes, le gorgonzola, le parmesan, l'origan, le basilic, l'ail et les graines avec du sel, du poivre et un bon filet d'huile d'olive.

Vous pouvez remplacer les graines par de la poudre d'amandes ou le gorgonzola par de la ricotta.

PÂTES ONE POT
olives, tomates, feta

Pour 4 personnes
Préparation : 5 min
Cuisson : 10 min

400 g de spaghettis
700 g de tomates cerises
250 g de feta
100 g d'olives noires
1 oignon rouge
3 gousses d'ail
4 cuil. à soupe de câpres au vinaigre
1 botte de persil
Huile d'olive
Sel, poivre

1 **Épluchez** et émincez l'oignon et l'ail. Coupez les tomates cerises en deux et concassez la feta. Hachez le persil.

2 **Mettez** dans une casserole les spaghettis, les tomates cerises, l'oignon, l'ail, 150 g de feta, les olives, les câpres, la moitié du persil, du sel et du poivre. Versez 1 l d'eau et faites mijoter 10 minutes à couvert à partir de l'ébullition en remuant de temps en temps.

3 **Vérifiez** la cuisson des pâtes, puis servez dans 4 assiettes creuses, arrosez d'un filet d'huile d'olive et recouvrez de la feta et du persil restants. Salez et poivrez.

Ajoutez un peu de câpres au dernier moment pour rehausser le goût.

Notes : ....

SPAGHETTIS
de patate douce, artichauts, ail grillé, crème à l'oseille

Pour 4 personnes

Préparation : 10 min

Cuisson : 5 min

800 g de patates douces

150 g d'artichauts confits à l'huile d'olive

4 gousses d'ail

200 g de crème fraîche épaisse

1 botte d'oseille

1 cuil. à soupe d'herbes de Provence

Huile d'olive

Sel, poivre

Notes : ....

1 **Épluchez** les patates douces et l'ail. Taillez la patate douce en spaghettis à l'aide d'une mandoline munie de l'accessoire à julienne. Émincez l'ail, l'oseille et les artichauts.

2 **Plongez** les patates douces dans une casserole d'eau bouillante salée pendant 5 minutes avant de les égoutter.

3 **Faites revenir** dans une poêle l'ail avec un filet d'huile d'olive pendant 2 minutes. Une fois que l'ail est roux, ajoutez les artichauts, l'oseille, la crème, les herbes de Provence, du sel et du poivre.

4 **Versez** les pâtes dans la poêle, mélangez le tout et servez.

Vous pouvez utiliser des fonds d'artichaut en boîte, faciles à trouver en grande surface.

SPAGHETTIS
de courgettes

Pour 4 personnes

Préparation : 10 min

Cuisson : 5 min

800 g de courgettes

250 g de falafels (en grande surface, rayon bio)

400 g de sauce tomate

50 g de copeaux de parmesan

1 botte de basilic

1 cuil. à soupe d'herbes de Provence

Huile d'olive

Sel, poivre

Notes : ....

....

....

1 Effeuillez le basilic. Taillez les courgettes en spaghettis à l'aide d'une mandoline munie de l'accessoire à julienne.

2 Plongez les spaghettis dans une casserole d'eau bouillante salée pendant 30 secondes avant de les égoutter.

3 Faites revenir dans une poêle les falafels avec un filet d'huile d'olive pendant 3 minutes. Ajoutez les spaghettis, la sauce tomate, les trois quarts du basilic, les herbes de Provence, du sel et du poivre.

4 Mélangez le tout et servez les pâtes recouvertes du basilic restant, de parmesan et arrosées d'un bon filet d'huile d'olive.

Remplacez les falafels par les boulettes ou les croquettes de votre choix.

TAGLIATELLES, crème de parmesan aux champignons

Pour 4 personnes

Préparation : 10 min

Cuisson : 8 min

600 g de tagliatelles fraîches

300 g de parmesan râpé

350 g de champignons de Paris

2 œufs

3 gousses d'ail

1 cuil. à soupe d'origan

Huile d'olive

Sel, poivre

1 **Émincez** les champignons. Épluchez et hachez l'ail.

2 **Faites revenir** dans une poêle les champignons avec un filet d'huile d'olive pendant 5 minutes. Ajoutez l'ail et l'origan à la fin de la cuisson.

3 **Faites cuire** les pâtes dans une casserole d'eau bouillante salée le temps indiqué sur le paquet. Égouttez-les, en mettant ½ verre d'eau de cuisson de côté, et reversez-les dans la casserole.

4 **Cassez** les œufs et fouettez-les avec l'eau de cuisson réservée et les trois quarts du parmesan.

5 **Mélangez** les pâtes avec la crème de parmesan, les champignons, du sel, du poivre et un filet d'huile d'olive.

6 **Servez** les pâtes parsemées de parmesan.

Notes : ....

Utiliser 4 jaunes d'œufs au lieu de 2 œufs entiers pour une consistance plus intéressante.

GNOCCHIS
aux champignons, scamorza et roquette

Pour 4 personnes

Préparation : 5 min

Cuisson : 7 min

600 g de gnocchis de pommes de terre

400 g de champignons de votre choix (ici des pleurotes)

200 g de scamorza (à défaut, prenez de la mozzarella sèche pour pizza)

200 g de crème fraîche épaisse

50 g de copeaux de pecorino

2 gousses d'ail

1 grosse poignée de roquette

Huile d'olive

Sel

1 Épluchez et hachez l'ail. Râpez la scamorza. Nettoyez et coupez si besoin les champignons en morceaux.

2 Faites revenir dans une poêle à feu vif les champignons avec un bon filet d'huile d'olive pendant 5 minutes. Ajoutez l'ail au dernier moment.

3 Faites revenir les gnocchis dans une autre poêle avec un filet d'huile d'olive pendant 5 minutes.

4 Mettez les gnocchis de côté avec les champignons et faites fondre la scamorza avec la crème à feu doux pendant 2 minutes.

5 Mélangez les champignons, les gnocchis, la crème de scamorza et la roquette. Salez, parsemez de copeaux de pecorino et arrosez d'un filet d'huile d'olive.

Réalisez cette recette avec de la mozzarella fumée fraîche et des cèpes. Attention, le poivre atténue le parfum des girolles.

GRATIN *de pommes de terre, épinards, gorgonzola*

Pour 4 personnes

Préparation : 10 min

Cuisson : 40 min

1 kg de pommes de terre

200 g de pousses d'épinard

150 g de gorgonzola

3 gousses d'ail

40 cl de crème fleurette

Huile d'olive

Sel, poivre

Notes :

1 Épluchez les pommes de terre et l'ail. Émincez les pommes de terre, les épinards et l'ail.

2 Badigeonnez le fond d'un plat à gratin d'huile d'olive. Garnissez-le des pommes de terre et des épinards. Salez, poivrez et recouvrez de la crème, de l'ail et du gorgonzola.

3 Arrosez d'un filet d'huile d'olive puis enfournez pour 40 minutes dans un four préchauffé à 180 °C (th. 6).

Recouvrez de chapelure pour obtenir un résultat crousti-fondant.

GRATIN
d'endives, chapelure, citron, romarin

Pour 4 personnes

Préparation : 10 min

Cuisson : 15 min

1 kg d'endives

30 g de chapelure

2 citrons jaunes

2 branches de romarin

50 g de beurre

1 cuil. à soupe de sucre en poudre

Sel, poivre

1 Préchauffez le four à 180 °C (th. 6).

2 Coupez les endives en deux. Coupez 1 citron en tranches fines. Pressez l'autre citron.

3 Faites revenir dans une poêle les endives avec le beurre pendant 5 minutes. Retournez-les à mi-cuisson.

4 Disposez dans un plat à gratin les endives, les rondelles de citron, les branches de romarin et versez le jus de citron. Salez, poivrez et parsemez de sucre puis de chapelure.

5 Enfournez pour 10 minutes et servez.

Pour réduire le temps de préparation, ne poêlez pas les endives, mais prolongez le temps de cuisson au four de 10-15 minutes.

Notes : ......

GRATIN
de courgettes

Pour 4 personnes

Préparation : 10 min

Cuisson : 35 min

1 kg de courgettes

3 oignons fanes

120 g de comté râpé

20 cl de crème fraîche épaisse

1 œuf

1 cuil. à soupe d'origan séché

Huile d'olive

Sel, poivre

Notes : ....

....

....

1 Épluchez les oignons. Émincez les courgettes et les oignons. Préchauffez le four à 180 °C (th. 6).

2 Faites revenir dans une poêle les courgettes et les oignons avec l'origan et un filet d'huile d'olive pendant 5 minutes.

3 Cassez l'œuf et mélangez-le avec la crème, le comté, du sel et du poivre.

4 Versez dans un plat à gratin les courgettes, la crème et enfournez pour 30 minutes.

LASAGNES
épinard–parmesan

Pour 4 personnes

Préparation : 5 min

Cuisson : 23 min

200 g de lasagnes sans précuisson

800 g d'épinards

500 g de ricotta

150 g de parmesan râpé

3 gousses d'ail

2 cuil. à soupe d'herbes de Provence

Huile d'olive

Sel, poivre

1 Épluchez et hachez l'ail. Équeutez et émincez les épinards.

2 Faites revenir dans une casserole les épinards et l'ail avec un filet d'huile d'olive pendant 3 minutes.

3 Répartissez les lasagnes, la ricotta, les épinards et les herbes de Provence dans un plat à gratin sur 4 étages.

4 Arrosez d'un filet d'huile d'olive, parsemez d'herbes de Provence, salez, poivrez, parsemez de parmesan et enfournez pour 20 minutes.

Pour gagner du temps, utilisez des pousses d'épinard qui n'ont pas besoin d'être équeutées.

Notes :

HACHIS
parmentier végétarien

Pour 4 personnes

Préparation : 10 min

Cuisson : 30 min

- 800 g de pommes de terre
- 400 g de champignons de Paris
- 1 petit brocoli
- 250 g de carottes
- 1 oignon jaune
- 4 gousses d'ail
- 100 g de beurre
- 150 g de crème fraîche épaisse
- 1 botte de persil
- Sel, poivre

1 Épluchez et hachez l'oignon, les carottes et l'ail. Épluchez les pommes de terre. Coupez en morceaux les pommes de terre et le brocoli. Lavez et émincez les champignons et le persil.

2 Plongez les pommes de terre dans une casserole d'eau froide salée. Portez à ébullition, puis laissez cuire 20 minutes.

3 Faites revenir dans une poêle l'oignon, l'ail, les carottes, le brocoli, les champignons et le persil avec 50 g de beurre, du sel et du poivre pendant 10 minutes.

4 Égouttez les pommes de terre puis écrasez-les à la fourchette avec le restant de beurre, la crème, du sel et du poivre.

5 Répartissez le mélange de légumes dans le fond d'un plat à gratin puis recouvrez de l'écrasé de pommes de terre.

Agrémentez votre gratin de chapelure et faites-le gratiner au four en mode gril pendant 2 minutes.

Notes : ....

....

....

GRATIN
de polenta, mozzarella, tomate

Pour 4 personnes

Préparation : 10 min

Cuisson : 7 min

200 g de polenta

70 cl de lait

30 cl de crème fleurette 30 % MG

250 g de mozzarella fraîche

200 g de tomates

1 oignon rouge

3 gousses d'ail

1 botte de basilic

Huile d'olive

Sel, poivre

Notes : ....

1 Préchauffez le four à 180 °C (th. 6).

2 Épluchez l'oignon et l'ail. Émincez l'oignon, hachez l'ail et coupez les tomates et la mozzarella en tranches fines. Effeuillez le basilic.

3 Faites chauffer dans une casserole le lait, la crème, l'ail, la moitié du basilic, du sel et du poivre. Versez la polenta en pluie dès la première ébullition. Faites cuire en mélangeant sans discontinuer pendant 2 minutes.

4 Badigeonnez un plat à gratin d'huile d'olive et versez-y la polenta.

5 Recouvrez des tomates, des oignons, de la mozzarella et du restant de basilic. Salez, poivrez et arrosez d'un bon filet d'huile d'olive. Enfournez pour 5 minutes et servez.

Arrosez d'huile pimentée au dernier moment.

GRATIN
d'aubergines, tomates cerises, feta et oignon

Pour 4 personnes

Préparation : 10 min

Cuisson : 30 min

4 aubergines

400 g de tomates cerises

200 g de feta

4 oignons fanes

4 gousses d'ail

4 branches de thym

Huile d'olive

Sel, poivre

1 Préchauffez le four à 200 °C (th. 6-7).

2 Coupez les aubergines et les tomates en tranches fines. Épluchez et hachez l'oignon et l'ail. Effeuillez le thym. Effritez la feta.

3 Répartissez les tranches d'aubergine et le thym sur 2 plaques de four. Arrosez d'un bon filet d'huile d'olive, salez et poivrez. Enfournez pour 20 minutes.

4 Garnissez un plat à gratin avec les aubergines, les tomates cerises, les oignons, l'ail, la feta et les branches de romarin. Salez, poivrez, arrosez d'un bon filet d'huile d'olive et enfournez pour 10 minutes.

Notes : ....

Vous pouvez aussi réaliser cette recette en remplaçant la feta par du parmesan.

GRATIN
de petits pois aux oignons, œufs à cheval

Pour 4 personnes

Préparation : 5 min

Cuisson : 20 min

600 g de petits pois congelés

2 oignons jaunes

4 gousses d'ail

4 œufs

150 g d'emmental râpé

100 g de crème fraîche épaisse

50 g de beurre

½ botte de persil

Sel, poivre

Notes : ....

1 **Préchauffez** le four à 180 °C (th. 6).

2 **Épluchez** et émincez les oignons et l'ail. Émincez le persil.

3 **Faites revenir** dans une casserole les oignons, l'ail et les petits pois avec le beurre pendant 10 minutes. Mélangez avec la crème et le persil.

4 **Versez** dans un plat à gratin les petits pois et parsemez d'emmental. Cassez les œufs et versez-les sur le gratin. Enfournez pour 10 minutes.

Remplacez les petits pois par le légume de votre choix en prolongeant légèrement la première cuisson si nécessaire.

TCHOUTCHOUKA

Pour 4 personnes

Préparation : 10 min

Cuisson : 20 min

800 g de passata de tomates

300 g de poivrons confits

4 oignons fanes

4 gousses d'ail

8 œufs

½ botte de coriandre

1 cuil. à soupe de graines de cumin

Huile d'olive

Sel, poivre

Notes : ....

....

....

1 Préchauffez le four à 180 °C (th. 6).

2 Épluchez et hachez l'oignon et l'ail. Émincez les poivrons confits.

3 Faites revenir dans une poêle les oignons, les poivrons et l'ail avec bon un filet d'huile d'olive pendant 5 minutes. Versez la passata, le cumin, du sel, du poivre et prolongez la cuisson de 10 minutes.

4 Versez la préparation dans un plat à gratin, cassez les œufs et versez-les par-dessus. Enfournez pour 5 minutes.

5 Servez le tout parsemé de coriandre fraîche.

Traditionnellement, ce plat se mange avec des pains pita.

POLENTA, champignons à la crème marinière

Pour 4 personnes

Préparation : 10 min

Cuisson : 10 min

200 g de polenta

600 g de moules

400 g de champignons

80 cl de lait

400 g de crème fraîche épaisse

20 cl de vin blanc sec

4 échalotes

1 botte de persil

Huile d'olive

Sel, poivre

Notes :

1 **Préchauffez** le four à 180 °C (th. 6).

2 **Épluchez** les échalotes. Nettoyez les champignons. Émincez les champignons, les échalotes et le persil.

3 **Versez** dans une casserole le lait, la moitié de la crème, du sel et du poivre et faites chauffer. Versez la polenta en pluie dès la première ébullition. Faites-la cuire en mélangeant sans arrêter pendant 2 minutes.

4 **Badigeonnez** un plat à gratin d'huile d'olive et versez-y la polenta.

5 **Faites revenir** les échalotes et les champignons avec un filet d'huile d'olive pendant 5 minutes. Versez les moules, le vin blanc, la crème restante et le persil. Versez sur la polenta et enfournez pour 3 minutes.

Faites tremper les moules 30 minutes dans une casserole d'eau froide. Jetez celles qui remontent à la surface.

PAPILLOTE
de saumon aux poireaux

Pour 4 personnes

Préparation : 15 min

Cuisson : 18 min

4 pavés de saumon

1 oignon rouge

2 poireaux

1 citron jaune

40 g de beurre

½ botte d'aneth

1 cuil. à soupe de baies roses

Sel, poivre

Notes : ....

1 **Préchauffez** le four à 180 °C (th. 6).

2 **Épluchez** l'oignon et les poireaux. Émincez le poireau, l'oignon et l'aneth. Coupez le citron en rondelles.

3 **Faites revenir** dans une casserole l'oignon et les poireaux avec le beurre, du sel et du poivre pendant 10 minutes.

4 **Répartissez** les poireaux dans 4 carrés de papier sulfurisé, recouvrez d'un pavé de saumon, des tranches de citron, de l'aneth et des baies roses. Salez, poivrez et fermez les papillotes.

5 **Enfournez** pour 8 minutes.

Essayez une variante avec 1 cuillerée à soupe de jus de citron et 2 cuillerées à soupe de crème fraîche épaisse par papillote en plus des tranches de citron.

TIAN
de légumes

Pour 4 personnes

Préparation : 10 min

Cuisson : 35 min

500 g de tomates

2 courgettes

1 aubergine

1 oignon jaune

3 gousses d'ail

Herbes de Provence

Huile d'olive

Sel, poivre

1 Préchauffez le four à 200 °C (th. 6-7).

2 Coupez les tomates, les courgettes et l'aubergine en tranches. Épluchez et hachez l'oignon et l'ail.

3 Faites revenir dans une poêle les aubergines avec un bon filet d'huile d'olive pendant 5 minutes.

4 Répartissez tous les légumes dans un plat à gratin, arrosez d'un bon filet d'huile d'olive, parsemez d'herbes de Provence, salez et poivrez.

5 Enfournez pour 30 minutes et servez accompagné de riz ou de pommes de terre cuites à l'eau.

Encore meilleur en prolongeant le temps de cuisson de 20 minutes.

Notes : ....

....

....

PATATES
douces farcies au quinoa

Pour 4 personnes

Préparation : 10 min

Cuisson : 35 min

2 grosses patates douces

100 g de quinoa

3 oignons fanes

2 gousses d'ail

100 g de comté râpé

1 botte de basilic

Huile d'olive

Sel, poivre

1 Préchauffez le four à 180 °C (th. 6).

2 Coupez les patates douces en deux, disposez-les sur une plaque de four, peau vers le bas. Arrosez d'un filet d'huile d'olive et enfournez pour 30 minutes.

3 Plongez le quinoa dans une casserole d'eau bouillante salée pendant 15 minutes avant de l'égoutter.

4 Épluchez et hachez l'oignon et l'ail. Ciselez le basilic.

5 Répartissez le quinoa, les oignons, l'ail et le basilic sur la patate douce, recouvrez de comté et enfournez pour 5 minutes.

Notes : ....

Réalisez la même recette en remplaçant les patates douces par des aubergines.

LÉGUMES
racines rôtis aux fèves

Pour 4 personnes
Préparation : 10 min
Cuisson : 30 min

2 panais
2 navets
10 radis
1 carotte
1 patate douce
200 g de fèves écossées
2 gousses d'ail
½ botte de persil
Huile d'olive
Sel, poivre

Notes : ....

1 **Préchauffez** le four à 180 °C (th. 6).

2 **Épluchez** les panais, les navets, la carotte, la patate douce et l'ail. Rincez les radis. Coupez tous les légumes, sauf les fèves et les radis, en petits morceaux.

3 **Répartissez** tous les légumes et les fèves dans un plat à gratin.

4 **Arrosez** d'un bon filet d'huile d'olive, salez, poivrez et enfournez pour 30 minutes.

5 **Servez** parsemé de persil fraîchement ciselé.

Utilisez un peu de curry en poudre pour parfumer davantage le plat.

FLAN
de légumes

Pour 4 personnes

Préparation : 10 min

Cuisson : 25 min

200 g de courgettes

200 g de poivrons confits

1 oignon jaune

2 gousses d'ail

2 œufs

20 cl de crème fraîche liquide

60 g de parmesan râpé

1 cuil. à café de Maïzena®

1 cuil. à café d'herbes de Provence

Huile d'olive

Sel, poivre

Notes : ……………………

……………………

……………………

1 **Préchauffez** le four à 180 °C (th. 6).

2 **Épluchez** et hachez l'oignon et l'ail. Coupez en petits morceaux les courgettes et les poivrons.

3 **Faites revenir** dans une poêle les courgettes, les poivrons, l'oignon, l'ail et les herbes de Provence avec un filet d'huile d'olive pendant 10 minutes.

4 **Mixez** les légumes avec les œufs, la crème, le parmesan, la Maïzena®, du sel et du poivre.

5 **Versez** dans un plat à gratin puis enfournez pour 15 minutes.

Parsemez d'un peu de persil pour apporter un peu de fraîcheur.

SAINT-JACQUES *rôties, purée de pommes de terre aux champignons*

Pour 4 personnes

Préparation : 15 min

Cuisson : 27 min

20 noix de saint-jacques

1 kg de pommes de terre

500 g de champignons de Paris

3 gousses d'ail

120 g de beurre

20 cl de crème fraîche épaisse

½ botte de persil

Sel, poivre

1 Épluchez les pommes de terre et l'ail. Nettoyez les champignons. Coupez les pommes de terre en morceaux. Hachez les champignons, l'ail et le persil.

2 Plongez les pommes de terre dans une casserole d'eau bouillante salée pendant 20 minutes avant de les égoutter et de les écraser à la fourchette.

3 Versez dans une casserole 100 g de beurre, la crème, les champignons, l'ail et les trois quarts du persil. Faites bouillir 5 minutes puis ajoutez les pommes de terre écrasées. Mélangez avec du sel et du poivre.

4 Faites revenir dans une poêle les noix de saint-jacques 2 minutes sur chaque face avec le beurre restant. Salez et poivrez.

5 Servez la purée avec les saint-jacques. Parsemez du persil restant.

Coupez 2 champignons de Paris crus en carpaccio, puis disposez-les dans le fond de vos assiettes.

Notes :

COLIN RÔTI
sauce tomate-basilic

Pour 4 personnes

Préparation : 5 min

Cuisson : 6 min

4 pavés de colin

600 g de sauce tomate

4 gousses d'ail

1 botte de basilic

1 cuil. à soupe d'origan séché

Huile d'olive

Sel, piment en poudre

1 Épluchez l'ail. Ciselez l'ail et le basilic.

2 Faites revenir dans une poêle anti-adhésive, ou recouverte de papier sulfurisé, le poisson pendant 5 minutes avec un filet d'huile d'olive, du sel et du piment. Retournez les morceaux à mi-cuisson.

3 Versez dans la poêle la sauce tomate, l'ail, le basilic, l'origan, du sel et du piment. Faites chauffer à feu doux et servez dans 4 assiettes.

Accompagnez le poisson de pâtes cuites al dente type rigatoni.

Notes : ....

OPINEL
INOX

MAÏS RÔTI,
beurre d'herbes

Pour 4 personnes
Préparation : 5 min
Cuisson : 16 min

8 épis de maïs
200 g de semoule
60 g de beurre
2 échalotes
½ botte de basilic
½ botte de coriandre
½ botte de persil
Sel, poivre

1 Faites griller dans une poêle les épis de maïs pendant 15 minutes avec 20 g de beurre, du sel et du poivre. Retournez-les fréquemment.

2 Versez dans un bol la semoule et recouvrez de 200 g d'eau bouillante salée. Couvrez avec une assiette.

3 Épluchez les échalotes. Ciselez les échalotes, le basilic, la coriandre et le persil.

4 Ajoutez le beurre restant et les échalotes sur les épis de maïs grillés et prolongez la cuisson de 1 minute. Ajoutez les herbes au dernier moment. Servez avec la semoule.

Vous trouverez des épis de maïs chez Picard® ou en supermarché bio.

Notes :

POTIRON RÔTI,
épinard, quinoa, ricotta et ail

Pour 4 personnes

Préparation : 15 min

Cuisson : 20 min

1 kg de potiron

300 g d'épinards

150 g de quinoa

100 g de ricotta

3 gousses d'ail

30 g de pignons de pin

Huile d'olive

Sel, poivre

1 Faites cuire le quinoa dans une casserole d'eau bouillante salée pendant 15 minutes avant de l'égoutter.

2 Épluchez le potiron au rasoir-économe. Coupez-le en deux, videz-le et coupez-le en tranches assez fines. Équeutez et émincez les épinards. Épluchez et hachez l'ail.

3 Faites revenir dans une poêle le potiron avec un bon filet d'huile d'olive pendant 15 minutes. Ajoutez les épinards, l'ail, le quinoa et prolongez la cuisson de 5 minutes.

4 Salez, poivrez et servez avec de la ricotta et des pignons.

Notes :

Pour cette recette, on peut aussi utiliser du butternut, plus facile à éplucher.

TOMATES FARCIES

Pour 4 personnes
Préparation : 10 min
Cuisson : 20 min

4 grosses tomates
200 g de bûche de chèvre
4 gousses d'ail
30 g de noix
1 baguette de pain
2 branches de cive
Huile d'olive
Sel, poivre

1 Préchauffez le four à 180 °C (th. 6).

2 Épluchez l'ail et émincez la cive. Concassez le fromage de chèvre. Coupez la baguette en tartines, faites-les dorer et grattez-les avec 1 gousse d'ail.

3 Coupez les tomates horizontalement au deux tiers de la hauteur et videz-les. Hachez la chair des tomates et mélangez-la avec la bûche de chèvre, l'ail restant haché, la cive et les noix concassées.

4 Garnissez les tomates avec la farce, disposez-les sur une plaque de four et fermez avec le chapeau. Arrosez d'un filet d'huile d'olive, salez, poivrez et enfournez pour 20 minutes avant de servir avec les tartines.

Vous pouvez accompagner les tomates farcies avec de l'orge ou du riz.

Notes :

POIVRONS FARCIS, *tofu-blette*

Pour 4 personnes

Préparation : 10 min

Cuisson : 30 min

2 gros poivrons rouges

300 g de tofu nature

300 g de blettes

300 g de sauce tomate

3 gousses d'ail

½ botte de persil

2 cuil. à soupe d'origan séché

Huile d'olive

Sel, poivre

Notes : ....

....

....

1 Préchauffez le four à 180 °C (th. 6).

2 Épluchez l'ail. Coupez les poivrons en deux dans la hauteur et videz-les. Coupez en petits morceaux le tofu. Émincez les blettes. Hachez l'ail et le persil.

3 Faites mijoter dans une casserole le tofu, les blettes, la sauce tomate, l'ail, le persil, l'origan, du sel et du poivre pendant 10 minutes.

4 Garnissez les poivrons avec la farce, disposez-les sur une plaque de four, arrosez d'un filet d'huile d'olive, salez, poivrez et enfournez pour 20 minutes.

Servez avec des spaghettis à l'huile et au parmesan.

VEGAN

Pour 4 personnes
Préparation : 15 min
Cuisson : 10 min

250 g de riz basmati
1 poivron vert
1 poivron rouge
8 tomates cerises
1 petite aubergine
8 champignons de Paris
1 courgette
1 oignon rouge
½ botte de coriandre
½ botte de menthe
½ botte de ciboulette
Huile d'olive
Sel, poivre

BROCHETTES
de légumes, riz, huile aux herbes

1 Faites cuire le riz dans une casserole d'eau bouillante salée le temps indiqué sur le paquet avant de l'égoutter.

2 Préchauffez le four à 180 °C (th. 6).

3 Videz les poivrons et épluchez l'oignon. Coupez en gros morceaux l'aubergine, la courgette, les poivrons et l'oignon. Enfilez sur des piques les morceaux de légumes, les tomates et les champignons pour réaliser 8 brochettes.

4 Disposez les brochettes sur une plaque de four. Arrosez d'un bon filet d'huile d'olive, salez et poivrez. Enfournez pour 10 minutes.

5 Ciselez les herbes et mélangez-les avec un filet d'huile d'olive. Servez les brochettes avec le riz et l'huile aux herbes.

Utilisez des aubergines de forme allongée pour vous simplifier la tâche.

VEGAN

POÊLÉE
de chou épicée aux pois chiches

Pour 4 personnes

Préparation : 10 min

Cuisson : 10 min

½ chou chinois

200 g de pois chiches cuits au naturel

2 tomates

2 carottes

1 oignon

3 gousses d'ail

1 cuil. à soupe de ras el-hanout

1 cuil. à soupe de paprika en poudre

½ botte de coriandre

Huile d'olive

Sel

Notes :

1 Épluchez les carottes, l'oignon et l'ail. Émincez le chou, les tomates et les carottes. Hachez l'oignon et l'ail.

2 Faites revenir dans une poêle chaude tous les légumes à feu vif avec un bon filet d'huile d'olive, les épices et du sel pendant 10 minutes.

3 Ajoutez les pois chiches, la coriandre ciselée, mélangez et dressez 4 assiettes.

Réalisez votre propre mélange d'épices à la place du ras el-hanout. Par exemple : cumin, paprika, gingembre et graines de coriandre.

QUICHE
aux épinards

Pour 4 personnes

Préparation : 10 min

Cuisson : 30 min

- 1 pâte brisée
- 2 échalotes
- 2 gousses d'ail
- 500 g d'épinards
- 300 g de crème fraîche épaisse
- 4 œufs
- 20 g de beurre
- Sel, poivre

Notes :

1 Préchauffez le four à 180 °C (th. 6).

2 Chemisez un moule à tarte de papier sulfurisé puis étalez la pâte brisée. Épluchez les échalotes et l'ail. Équeutez les épinards.

3 Ciselez les échalotes, l'ail et les épinards puis faites-les revenir dans une poêle à feu vif avec le beurre pendant 5 minutes.

4 Mélangez les épinards avec les œufs, la crème, du sel et du poivre. Garnissez la pâte de cette préparation puis enfournez pour 25 minutes.

Gagnez du temps en utilisant des épinards déjà cuits. Dans ce cas, utilisez des échalotes et de l'ail séché pour ne pas avoir à les faire revenir.

QUICHE
chèvre et cive

Pour 4 personnes

Préparation : 10 min

Cuisson : 25 min

1 pâte brisée

150 g de bûche de chèvre

4 branches de cive

500 g de crème fraîche épaisse

3 œufs

2 pincées de noix de muscade

Sel, poivre

Notes : ....

1 **Préchauffez** le four à 180 °C (th. 6).

2 **Chemisez** un moule à tarte de papier sulfurisé, puis étalez la pâte brisée.

3 **Émincez** finement la cive et coupez le chèvre en tranches.

4 **Mélangez** la cive avec les œufs, la crème, la noix de muscade, du sel et du poivre.

5 **Garnissez** la pâte de cette préparation, recouvrez du fromage, puis enfournez pour 25 minutes.

Utilisez un poivre parfumé pour personnaliser facilement cette recette. Servez avec une salade accompagnée de vinaigrette.

TARTE
aux poireaux

Pour 4 personnes

Préparation : 10 min

Cuisson : 35 min

1 pâte brisée

3 poireaux

2 gousses d'ail

3 œufs

300 g de crème fraîche épaisse

15 cl de vin blanc

20 g de beurre

1 pincée de noix de muscade

Sel, poivre

Notes : ....

....

....

1 Préchauffez le four à 180 °C (th. 6).

2 Chemisez un moule à tarte de papier sulfurisé puis étalez la pâte brisée. Épluchez et émincez les poireaux et l'ail.

3 Faites revenir les poireaux et l'ail dans une poêle avec le beurre pendant 5 minutes. Ajoutez le vin blanc et prolongez la cuisson de 5 minutes.

4 Mélangez les poireaux avec les œufs, la crème, la noix de muscade, du sel et du poivre. Garnissez la pâte de cette préparation puis enfournez pour 25 minutes.

Parsemez la quiche de 50 g de comté, de gruyère ou de parmesan juste avant d'enfourner.

TATIN
aubergine-courgette

Pour 4 personnes

Préparation : 5 min

Cuisson : 35 min

1 pâte feuilletée

1 aubergine

2 courgettes

4 gousses d'ail

50 g de feta

½ botte de basilic

1 cuil. à soupe d'origan séché

Huile d'olive

Sel, poivre

Notes : ....

....

....

1 **Préchauffez** le four à 200 °C (th. 6-7).

2 **Épluchez** l'ail. Coupez l'ail, l'aubergine et les courgettes en tranches.

3 **Répartissez** les tranches d'aubergine, de courgette et d'ail dans un plat à tarte. Salez, poivrez et parsemez d'origan. Arrosez d'un bon filet d'huile d'olive. Enfournez pour 20 minutes.

4 **Répartissez** la pâte par-dessus et prolongez la cuisson de 15 minutes. Au dernier moment, retournez la tarte, parsemez de basilic effeuillé et de feta.

Ajoutez quelques olives et tiges d'oignons fanes avec les légumes lors de la cuisson.

TARTE
aux oignons

Pour 4 personnes
Préparation : 10 min
Cuisson : 35 min

1 pâte brisée
5 oignons jaunes
30 g de copeaux de parmesan
15 cl de vin blanc
40 g de beurre
3 branches de thym
Sel, poivre

Notes : ....

1 **Préchauffez** le four à 180 °C (th. 6).

2 **Chemisez** un moule à tarte de papier sulfurisé puis étalez la pâte brisée. Effeuillez le thym. Épluchez et émincez les oignons.

3 **Versez** les oignons, le beurre, le vin blanc, du sel et du poivre dans une casserole. Faites mijoter 15 minutes en remuant de temps en temps.

4 **Garnissez** la pâte de cette préparation. Parsemez de parmesan et de thym puis enfournez pour 20 minutes.

Essayez la recette en remplaçant le vin blanc par du vin rouge.
Parsemez de quelques copeaux de parmesan frais à la sortie du four.

TARTE *ratatouille-ricotta*

Pour 4 personnes

Préparation : 15 min

Cuisson : 40 min

1 pâte feuilletée

100 g de ricotta

3 tomates

1 aubergine

2 courgettes

1 oignon jaune

3 gousses d'ail

1 cuil. à soupe d'herbes de Provence

Huile d'olive

Sel, poivre

Notes :

1 **Préchauffez** le four à 200 °C (th. 6-7).

2 **Chemisez** un moule à tarte de papier sulfurisé puis étalez la pâte feuilletée.

3 **Épluchez** et hachez l'oignon et l'ail. Coupez en morceaux les tomates, l'aubergine et les courgettes.

4 **Versez** les légumes sur une plaque de four, arrosez d'un filet d'huile d'olive et enfournez pour 20 minutes. Salez, poivrez et mélangez avec les herbes de Provence.

5 **Baissez** le four à 180 °C (th. 6), garnissez la pâte de ratatouille, nappez de ricotta, puis enfournez pour 20 minutes.

Précuisez la pâte à blanc pendant 10 minutes pour un résultat plus croustillant.

QUICHE
potimarron-cumin

Pour 4 personnes

Préparation : 10 min

Cuisson : 45 min

1 pâte brisée

700 g de potimarron

1 oignon jaune

3 gousses d'ail

150 g de crème fraîche épaisse

2 œufs

1 cuil. à soupe de cumin en poudre

Huile d'olive

Sel, poivre

1 **Préchauffez** le four à 200 °C (th. 6-7).

2 **Épluchez** le potimarron, l'oignon et l'ail. Coupez en morceaux le potimarron. Hachez l'oignon et l'ail.

3 **Versez** dans une casserole les légumes, 40 cl d'eau bouillante, un filet d'huile d'olive et faites mijoter pendant 30 minutes. Salez, poivrez et mélangez énergiquement avec la crème, les œufs, le cumin, du sel et du poivre.

4 **Chemisez** un moule à tarte de papier sulfurisé et étalez la pâte brisée. Enfournez la pâte à blanc pour 10 minutes.

5 **Garnissez** la pâte avec la préparation aux légumes puis enfournez pour 15 minutes.

Parsemez de quelques herbes aromatiques pour un peu de fraîcheur. Cette recette peut se réaliser avec des carottes ou de la purée toute faite au rayon surgelés.

Notes :

TARTE
aux légumes

Pour 4 personnes

Préparation : 10 min

Cuisson : 40 min

1 pâte brisée

1 petit brocoli

1 courgette

1 aubergine

1 poivron rouge

2 artichauts confits à l'huile

1 oignon doux

2 branches de thym

Huile d'olive

Sel, poivre

Notes : ....

....

....

1 **Préchauffez** le four à 180 °C (th. 6).

2 **Chemisez** un moule à tarte de papier sulfurisé puis étalez la pâte brisée.

3 **Videz** le poivron. Épluchez l'oignon. Coupez en morceaux le brocoli, la courgette, l'aubergine, le poivron, les artichauts et l'oignon.

4 **Faites revenir** dans une poêle les légumes avec un bon filet d'huile d'olive, du sel et du poivre pendant 20 minutes.

5 **Garnissez** la pâte avec cette préparation, parsemez de thym effeuillé puis enfournez pour 20 minutes.

Achetez des légumes précuits chez Picard® afin d'économiser les 20 minutes de précuisson.

CHAMPIGNONS
grillés sur galettes, pousses de salade

Pour 4 personnes

Préparation : 15 min

Cuisson : 15 min

1 courgette

1 kg de pommes de terre

500 g de mélange de champignons frais entier (ici champignons de Paris et pleurotes)

2 gousses d'ail

1 grosse poignée de pousses d'épinard

30 g de parmesan râpé

2 cuil. à soupe de vinaigre balsamique

Huile d'olive

Sel, poivre

1 Épluchez les pommes de terre et l'ail. À l'aide d'une mandoline munie de l'accessoire à julienne, râpez la courgette, les pommes de terre et l'ail. Mélangez les légumes râpés avec du sel et du poivre. Nettoyez et coupez les champignons en quatre.

2 Versez dans une poêle anti-adhésive huilée le mélange de légumes râpés en formant une grande galette et faites cuire 15 minutes sur chaque face en retournant à l'aide d'une large spatule.

3 Faites revenir dans une autre poêle les champignons avec un filet d'huile d'olive, du sel et du poivre pendant 5 minutes.

4 Servez 1 part de galette par personne accompagnée des champignons et de la salade. Parsemez de parmesan, arrosez d'huile d'olive, de vinaigre, salez et poivrez.

Vous pouvez réaliser des petites galettes en faisant cuire le mélange en quatre fois. Pour un côté plus gourmand, ajoutez un peu de crème lors de la cuisson des champignons.

PIZZA
al tonno minute

Pour 4 personnes

Préparation : 10 min

Cuisson : 15 min

1 pâte à pizza (ou 1 pâte à baguette chez votre boulanger)

100 g de thon confit à l'huile

200 g de sauce tomate

150 g de mozzarella

100 g de poivrons confits

100 g d'artichauts confits au vinaigre

50 g d'olives

2 oignons fanes

1 cuil. à soupe de farine

1 cuil. à soupe d'origan

Huile d'olive

Sel, poivre

1 **Préchauffez** le four à 200 °C (th. 6-7).

2 **Coupez** le thon, la mozzarella, les poivrons confits et les artichauts en morceaux. Épluchez et émincez les oignons.

3 **Étalez** la pâte à l'aide d'un rouleau à pâtisserie et d'un peu de farine puis disposez-la sur une plaque de four.

4 **Recouvrez** la pâte de sauce tomate. Répartissez dessus le thon, la mozzarella, les légumes, les oignons et les olives. Parsemez d'origan, salez et poivrez.

5 **Arrosez** d'un filet d'huile d'olive et enfournez pour 15 minutes.

Remplacez la sauce tomate par de la ricotta.

GALETTE
de courgettes au gingembre, salade et pecorino

Pour 4 personnes
Préparation : 10 min
Cuisson : 20 min

300 g de courgettes
300 g de pommes de terre
2 œufs
50 g de beurre
30 g de copeaux de pecorino
5 cm de gingembre
2 gousses d'ail
½ botte de coriandre
1 poignée de mesclun
Sel, poivre

1 Épluchez les pommes de terre, l'ail et le gingembre puis râpez-les avec les courgettes à l'aide d'une grosse râpe. Ciselez la coriandre.

2 Mélangez les légumes râpés avec la moitié de la coriandre, les œufs, du sel et du poivre.

3 Versez dans une poêle le beurre puis le mélange aux légumes en formant une grande galette et faites cuire 10 minutes sur chaque face. Vérifiez la cuisson avec un couteau : il doit se planter sans résistance.

4 Servez 1 part de galette par personne accompagnée de salade. Parsemez de coriandre et de pecorino.

Pour un côté plus gourmand, mélangez 80 g de bûche de chèvre hachée aux légumes avant cuisson.

Notes : ....

CROQUE-MONSIEUR
tomate, mozzarella, basilic

Pour 4 personnes

Préparation : 5 min

Cuisson : 5 min

8 tranches de pain de mie

2 tomates

250 g de mozzarella

30 g de copeaux de parmesan

1 botte de basilic

1 gousse d'ail

Huile d'olive

Sel, poivre

Notes :

1 Coupez les tomates et la mozzarella en tranches. Épluchez et râpez l'ail. Arrosez les tranches de pain de mie d'huile d'olive. Effeuillez le basilic.

2 Répartissez sur 4 tranches de pain de mie la tomate, la mozzarella, le parmesan, le basilic et l'ail. Salez et poivrez.

3 Recouvrez des 4 autres tranches de pain. Faites cuire les pains de mie dans une machine à croque-monsieur pendant 5 minutes.

Vous pouvez aussi faire cuire les croque-monsieur à la poêle. Accompagnez de salade et d'un œuf au plat.

VEGE BURGER, *frites au four*

Pour 4 personnes

Préparation : 15 min

Cuisson : 20 min

4 buns

2 tomates

½ courgette

200 g de tofu fumé

1 petit oignon rouge

Huile d'olive

Pour les frites :

800 g de pommes de terre

5 cl d'huile de friture

Sauces au choix (ketchup, moutarde, mayonnaise...)

Sel, poivre

Notes : ....

1 **Préchauffez** le four à 200 °C (th. 6-7).

2 **Épluchez** les pommes de terre et coupez-les en bâtonnets. Rincez-les puis épongez-les avec du papier absorbant. Disposez-les sur une plaque de four, arrosez d'huile de friture et enfournez pour 20 minutes. Salez et poivrez.

3 **Coupez** les tomates, la courgette, le tofu et l'oignon épluché en tranches. Ouvrez les buns.

4 **Faites revenir** dans une poêle les courgettes et le tofu avec un filet d'huile d'olive pendant 10 minutes.

5 **Montez** les burgers en disposant les tomates, les courgettes, le tofu et l'oignon. Servez avec les frites et les sauces.

Si vous n'avez pas de buns, réalisez vos burgers avec des baguettes.

GALETTE
bretonne épinard-comté

Pour 4 personnes

Préparation : 10 min

Cuisson : 16 min

4 galettes bretonnes

300 g d'épinards

150 g de comté râpé

4 œufs

2 oignons fanes

100 g de crème fraîche épaisse

60 g de beurre

Sel, poivre

Notes :

1 **Épluchez** les oignons. Émincez les épinards et les oignons puis faites-les revenir dans une poêle avec une noisette de beurre pendant 5 minutes.

2 **Disposez** 1 galette dans une poêle avec une noisette de beurre.

3 **Répartissez** les ingrédients dans cet ordre : le comté, un peu d'épinards, 1 œuf, un peu de crème et quelques oignons. Faites cuire pendant 4 minutes. Salez, poivrez et repliez la galette. Réalisez les autres galettes.

Remplacez le comté par du bleu d'Auvergne.

OPINEL
INOX

OMELETTE GARNIE *d'Asie*

Pour 4 personnes

Préparation : 10 min

Cuisson : 6 min

12 œufs

120 g de grains de maïs cuit en conserve

1 grosse carotte

1 poignée de pousses de soja

½ botte de menthe

½ botte de basilic

6 cuil. à soupe de sauce soja sucrée

Huile d'olive

Sel, poivre

Notes : ....

1 Cassez les œufs et fouettez-les avec du sel et du poivre. Épluchez et râpez la carotte. Effeuillez et ciselez les herbes.

2 Faites revenir dans une poêle le maïs, la carotte et les pousses de soja avec un filet d'huile d'olive, la moitié de la sauce soja, du sel et du poivre pendant 5 minutes.

3 Versez les œufs dans une poêle anti-adhésive chaude et huilée. Faites cuire 1 minute tout en mélangeant. Versez les légumes poêlés et les trois quarts des herbes dans la poêle, puis repliez l'omelette sur elle-même.

4 Servez recouvert de la sauce soja restante et d'herbes fraîches.

Réalisez vous-même votre sauce sucrée : mélangez 3 doses de sauce soja avec 1 dose de sucre en poudre et 1 dose de vinaigre blanc. Portez à ébullition et coupez aussitôt le feu.

BRICK DE CHÈVRE,
épinard, menthe

Pour 4 personnes

Préparation : 15 min

Cuisson : 13 min

8 feuilles de brick

200 g de bûche de chèvre

400 g d'épinards

2 gousses d'ail

1 cuil. à soupe de graines de cumin

30 g de raisins secs

½ botte de menthe

Huile d'olive

Sel, poivre

Notes : ....

1 **Équeutez** et découpez les épinards. Épluchez et hachez l'ail. Coupez le chèvre en tranches et ciselez les feuilles de menthe.

2 **Faites revenir** dans une poêle les épinards et l'ail avec un filet d'huile d'olive, le cumin, du sel et du poivre pendant 5 minutes. Mélangez avec les raisins et la menthe.

3 **Huilez** les feuilles de brick. Répartissez les épinards et le chèvre au centre de 4 feuilles. Pliez-les en carré et enveloppez-les chacune d'une autre feuille.

4 **Faites revenir** dans une grande poêle les bricks pendant 8 minutes avec un filet d'huile d'olive. Retournez-les à mi-cuisson.

Lors de la cuisson des bricks, commencez par le côté pliage pour « souder » les feuilles.

CURRY ROUGE
de cabillaud

Pour 4 personnes

Préparation : 10 min

Cuisson : 15 min

- 750 g de chair de cabillaud
- 250 g de riz basmati
- 50 cl de lait de coco
- 2 poivrons rouges
- 3 oignons fanes
- 3 cuil. à soupe de pâte de curry
- ½ botte de coriandre
- 1 cuil. à soupe rase de purée de piment
- 1 cuil. à soupe rase de paprika en poudre
- Huile d'olive
- Sel

Notes : ....

....

....

1 Faites cuire le riz dans une casserole d'eau bouillante salée pendant 15 minutes avant de l'égoutter.

2 Coupez le cabillaud en gros cubes. Videz les poivrons. Épluchez des oignons. Émincez les poivrons, les oignons et la coriandre.

3 Faites revenir dans une poêle les poivrons et les oignons avec un filet d'huile d'olive pendant 10 minutes. Ajoutez le poisson, le lait de coco, la pâte de curry, le piment, le paprika, la moitié de la coriandre et un peu de sel. Faites mijoter 5 minutes en mélangeant de temps en temps.

4 Servez le curry avec le riz recouverts de coriandre fraîche.

Ajoutez un peu de gingembre frais, de citronnelle fraîche ou de feuilles de combava pour parfumer davantage votre curry.

VEGAN

CHILI
sin carne

Pour 4 personnes

Préparation : 10 min

Cuisson : 15 min

1 kg de haricots rouges cuits au naturel

80 cl de sauce tomate

120 g de protéines de soja « petites »

3 oignons fanes

3 gousses d'ail

1 cuil. à soupe rase de purée de piment

1 cuil. à soupe rase de paprika en poudre

1 botte de coriandre

Huile d'olive

Sel

Notes : ....

....

....

1 Épluchez et émincez les oignons et l'ail. Ciselez la coriandre.

2 Faites revenir dans une poêle les oignons et l'ail avec un filet d'huile d'olive pendant 5 minutes.

3 Versez les haricots rouges, la sauce tomate, les protéines de soja, 15 cl d'eau, la purée de piment, le paprika et la moitié de la coriandre. Salez.

4 Faites mijoter 10 minutes et servez parsemé de coriandre.

Nous utilisons ici de petits granulés de protéines de soja. Si vous ne trouvez que de gros granulés, vous avez le choix entre les concasser au couteau ou prolonger le temps de cuisson.

VEGAN

MIJOTÉ de lentilles au tofu fumé

Pour 4 personnes

Préparation : 5 min

Cuisson : 10 min

300 g de lentilles vertes

250 g de tofu fumé

50 cl de lait de coco

1 oignon jaune

3 gousses d'ail

1 bouquet garni

1 botte de persil

1 cuil. à soupe de gingembre en poudre

Huile d'olive

Sel, poivre

Notes : ....

....

....

1 **Coupez** le tofu en morceaux. Épluchez et hachez les oignons et l'ail. Émincez le persil.

2 **Versez** dans une casserole les lentilles, le tofu, le lait de coco, l'oignon, l'ail, le bouquet garni, la moitié du persil, le gingembre et 1 l d'eau.

3 **Faites mijoter** 10 minutes. Une fois les lentilles cuites, salez, poivrez et parsemez du restant de persil.

Attention à ne pas saler le liquide de cuisson des lentilles, cela prolonge largement leur temps de cuisson.

CURRY
de pois chiches au cumin

Pour 4 personnes

Préparation : 10 min

Cuisson : 15 min

400 g de pois chiches cuits au naturel

3 carottes

1 branche de céleri

200 g de chou chinois

2 gousses d'ail

50 cl de lait de coco

1 cuil. à soupe de graines de cumin

1 cuil. à soupe de curry en poudre

1 cuil. à soupe de graines de coriandre moulues

⅓ de botte de persil

Huile d'olive

Sel, poivre

1 Épluchez les carottes et l'ail. Émincez les carottes, le céleri, le chou, l'ail et le persil.

2 Faites revenir dans une casserole les légumes avec un filet d'huile d'olive, du sel et du poivre pendant 5 minutes.

3 Ajoutez les pois chiches, le lait de coco, le curry, le cumin, les graines de coriandre et prolongez la cuisson de 10 minutes.

4 Servez le tout parsemé de persil.

Remplacez les pois chiches par 200 g de vermicelles que vous ferez cuire quelques minutes dans une casserole d'eau bouillante salée.

VEGAN

PATATE DOUCE
inspiration rendang

Pour 4 personnes

Préparation : 10 min

Cuisson : 25 min

800 g de patates douces

3 oignons fanes

80 cl de lait de coco

3 cuil. à soupe de noix de coco râpée

2 cuil. à soupe de pâte de curry

1 cuil. à café d'épices pour pain d'épice

3 tiges de citronnelle

Huile de pépins de raisin

½ botte de coriandre

Sel

Notes :

1 **Épluchez** les patates douces et coupez-les en morceaux. Épluchez et émincez les oignons et la citronnelle. Ciselez la coriandre.

2 **Faites revenir** dans une casserole les oignons, la patate douce et la citronnelle avec un filet d'huile de pépins de raisin pendant 5 minutes.

3 **Ajoutez** le lait de coco, 20 cl d'eau, la noix de coco râpée, la pâte de curry, les épices pour pain d'épice et du sel. Faites mijoter 20 minutes.

4 **Servez** le tout parsemé de coriandre fraîche.

Ajoutez un peu de piment frais pour relever le tout.

VEGAN

MIJOTÉ d'aubergines aux poivrons façon zaalouk

Pour 4 personnes

Préparation : 10 min

Cuisson : 30 min

3 aubergines

2 poivrons rouges

2 tomates

1 oignon jaune

2 gousses d'ail

1 cuil. à soupe de graines de cumin

½ botte de coriandre

Huile d'olive

Sel, piment en poudre

Notes :

1 **Préchauffez** le four à 180 °C (th. 6).

2 **Videz** les poivrons, épluchez l'oignon et l'ail. Émincez l'oignon et l'ail. Coupez les aubergines, les poivrons et les tomates en morceaux.

3 **Disposez** les légumes sur une plaque de four avec le cumin, du sel, du piment et un filet d'huile d'olive et enfournez pour 30 minutes.

4 **Parsemez** de coriandre fraîchement ciselée.

Servez avec de petits pains et un filet de jus de citron ou mélangez avec 400 g de pois chiches.

VEGAN

CHOU-FLEUR
façon tikka masala

Pour 4 personnes

Préparation : 5 min

Cuisson : 15 min

1 chou-fleur

3 oignons fanes

220 g de riz basmati

150 g de pois chiches cuits au naturel

80 cl de lait de coco

4 cuil. à soupe de pâte tikka masala

½ botte de coriandre

Huile de pépins de raisin

Sel

1 Faites cuire le riz dans une casserole d'eau bouillante salée pendant 15 minutes avant de l'égoutter.

2 Coupez le chou-fleur en morceaux. Épluchez et émincez les oignons. Ciselez la coriandre.

3 Faites revenir dans une casserole les oignons et le chou-fleur avec un filet d'huile de pépins de raisin pendant 5 minutes.

4 Ajoutez le lait de coco, la pâte tikka masala, les pois chiches, du sel et prolongez la cuisson de 10 minutes.

5 Parsemez de coriandre au dernier moment.

Les pâtes tikka masala peuvent être plus ou moins concentrées. Pour doser les épices convenablement, fiez-vous à la couleur et au goût de votre plat finalisé. Si vous n'avez pas de pâte tikka masala, utilisez des épices en poudre garam masala notamment de la marque Ducros®.

Notes : ....

MIJOTÉ
de pommes de terre et épinards à la crème

Pour 4 personnes

Préparation : 10 min

Cuisson : 20 min

1 kg de pommes de terre

500 g d'épinards

500 g de crème fraîche épaisse

2 gousses d'ail

15 cl de vin blanc sec

100 g de feta

1 cuil. à soupe d'herbes de Provence

1 pincée de noix de muscade

Huile d'olive

Sel, poivre

Notes : ....

....

....

1 **Équeutez** les épinards. Épluchez les pommes de terre et l'ail. Coupez les pommes de terre en morceaux. Émincez les épinards et l'ail.

2 **Versez** les pommes de terre, l'ail, la crème, le vin blanc, les herbes de Provence et la noix de muscade dans une casserole. Faites mijoter 15 minutes en remuant de temps en temps.

3 **Ajoutez** les épinards, du sel, du poivre et prolongez la cuisson de 5 minutes.

4 **Agrémentez** de feta au dernier moment.

Utilisez des pommes grenaille pour économiser le temps d'épluchage et de découpe.

VEGAN

ÉPEAUTRE, fenouil, artichauts, asperges

Pour 4 personnes

Préparation : 5 min

Cuisson : 5 min

400 g de flocons d'épeautre

1 fenouil

100 g d'artichauts marinés

1 botte d'asperges

1 oignon rouge

1 poignée de pignons de pin

2 citrons jaunes

1 cuil. à soupe d'origan séché

Huile d'olive

Sel, poivre

Notes :

1 **Épluchez** l'oignon. Émincez le fenouil, les artichauts et l'oignon. Coupez en morceaux les asperges. Coupez en deux les citrons et pressez-les.

2 **Faites revenir** dans une casserole les légumes avec un filet d'huile d'olive pendant 5 minutes.

3 **Mélangez** les légumes avec l'épeautre, l'origan, salez et poivrez. Arrosez d'un filet d'huile d'olive, du jus de citron et parsemez de pignons de pin.

Vous pouvez remplacer les flocons d'épeautre, qui ne nécessitent pas de cuisson, par 200 g d'épeautre qui doit être cuit généralement pendant 45 minutes dans une casserole d'eau bouillante.

SALADE
de quinoa, petits pois, mozzarella fumée, basilic

Pour 4 personnes

Préparation : 5 min

Cuisson : 15 min

250 g de quinoa

200 g de petits pois congelés

150 g de mozzarella fumée fraîche (ou, à défaut de la mozzarella de bufflonne)

3 oignons fanes

½ botte de radis roses

1 poignée d'olives

1 botte de basilic

Huile d'olive

Sel, poivre

1 Faites cuire le quinoa dans une casserole d'eau bouillante salée pendant 15 minutes avant de l'égoutter.

2 Émincez les oignons, les radis et le basilic. Coupez la mozzarella en tranches fines.

3 Faites revenir dans une casserole les légumes et les olives avec un filet d'huile pendant 5 minutes.

4 Mélangez les légumes avec le quinoa, la mozzarella, le basilic, du sel et du poivre. Arrosez d'un filet d'huile d'olive.

Les radis peuvent être mangés crus comme cuits.

Notes : ....

....

....

SALADE
de lentilles au balsamique, avocat, tomate

Pour 4 personnes

Préparation : 10 min

Cuisson : 10 min

250 g de lentilles corail

1 salade trévise ou ¼ de chou rouge

1 avocat

2 tomates

1 oignon doux

1 branche de romarin

30 g de comté râpé

4 cuil. à soupe de vinaigre balsamique

1 cuil. à soupe de miel

Huile d'olive

Sel, poivre

Notes :

1 Faites cuire les lentilles dans une casserole d'eau bouillante le temps indiqué sur le paquet avant de les égoutter.

2 Pelez et dénoyautez l'avocat. Effeuillez et hachez le romarin. Effeuillez et émincez la trévise ou le chou. Épluchez l'oignon. Émincez l'avocat, les tomates et l'oignon.

3 Faites revenir dans une casserole la trévise ou le chou avec un filet d'huile d'olive, le vinaigre et le miel pendant 5 minutes.

4 Mélangez les lentilles, la trévise ou le chou, l'avocat, les tomates, les oignons, le romarin. Salez et poivrez. Parsemez de comté.

Vous pouvez aussi remplacer la trévise par une laitue.

VEGAN

SALADE
de pois chiches, épinards, orange, grenade, noisettes

Pour 4 personnes

Préparation : 5 min

Cuisson : 5 min

500 g de pois chiches cuits au naturel

2 poignées de pousses d'épinard

2 carottes

1 grenade

1 orange

2 citrons verts

1 poignée de noisettes

1 cuil. à soupe de graines de cumin

Huile d'olive

Sel, poivre

1 Épluchez les carottes et l'orange. Émincez les carottes. Coupez l'orange en tranches. Videz la grenade de ses graines. Pressez les citrons verts. Concassez les noisettes.

2 Faites revenir dans une casserole les pois chiches, les épinards et les carottes avec le cumin et un filet d'huile d'olive pendant 5 minutes.

3 Mélangez le contenu de la poêle avec la grenade, l'orange, le jus de citron et les noisettes. Salez et poivrez.

Recouvrez de quelques pousses d'épinard crues pour apporter un peu de fraîcheur.

SALADE
de calamars aux pommes de terre

Pour 4 personnes

Préparation : 10 min

Cuisson : 25 min

800 g de rondelles de calamar

800 g de pommes de terre

1 poignée de roquette

1 citron jaune

3 échalotes

2 gousses d'ail

½ botte de persil

1 cuil. à soupe de piment d'Espelette

Huile d'olive

Sel

Notes : ....

1 **Préchauffez** le four à 200 °C (th. 6-7).

2 **Épluchez** les pommes de terre, les échalotes et l'ail. Coupez les pommes de terre en morceaux. Émincez les échalotes, l'ail et le persil. Pressez le citron.

3 **Disposez** les pommes de terre sur une plaque de four recouverte de papier sulfurisé, arrosez d'un filet d'huile d'olive et enfournez pour 15 minutes.

4 **Ajoutez** sur la plaque les calamars, les échalotes, l'ail, du sel, du piment d'Espelette et prolongez la cuisson de 10 minutes.

5 **Mélangez** avec la roquette, le persil et le jus de citron. Servez encore chaud.

Utilisez des pommes grenaille pour économiser le temps d'épluchage et de découpe.

SALADE
de quinoa, carotte, avocat, œuf

Pour 4 personnes

Préparation : 10 min

Cuisson : 15 min

250 g de quinoa

2 carottes

1 avocat

4 œufs

1 poignée de mesclun

½ botte de coriandre

4 cuil. à soupe de vinaigre de vin

Huile d'olive

Sel, poivre

Notes :

1 Épluchez les carottes. Pelez et dénoyautez l'avocat. Émincez les carottes et l'avocat. Ciselez la coriandre.

2 Faites cuire le quinoa et les carottes dans une casserole d'eau bouillante salée pendant 15 minutes avant de les égoutter.

3 Cassez les œufs dans une poêle et faites-les cuire avec un filet d'huile d'olive.

4 Répartissez dans 4 assiettes le quinoa et les carottes, le mesclun, les avocats et les œufs. Parsemez de coriandre, salez, poivrez et arrosez d'un filet d'huile d'olive et de vinaigre.

Ajoutez un peu de curry, de curcuma ou de menthe à votre plat.

SALADE
de lentilles, feta, courgette, poivron

Pour 4 personnes

Préparation : 10 min

Cuisson : 12 min

250 g de lentilles vertes

150 g de feta

2 courgettes

1 poivron rouge

1 oignon rouge

4 branches de thym frais

2 citrons jaunes

Huile d'olive

Sel, poivre

1 Faites cuire les lentilles dans une casserole d'eau bouillante le temps indiqué sur le paquet avant de les égoutter.

2 Videz le poivron. Épluchez l'oignon. Émincez le poivron et l'oignon. Effeuillez le thym et pressez les citrons. Coupez les courgettes en morceaux.

3 Faites revenir dans une poêle le poivron, l'oignon et les courgettes avec le thym et un filet d'huile d'olive pendant 10 minutes.

4 Mélangez les lentilles avec les légumes et la feta. Salez, poivrez, arrosez d'un filet d'huile d'olive et de jus de citron.

Vous pouvez remplacer les courgettes par 1 concombre et ajoutez quelques zestes de citron pour un peu plus de fraîcheur.

Notes : ....

....

....

VEGAN

SALADE
de maïs grillé au curry, chou rouge acidulé

Pour 4 personnes

Préparation : 10 min

Cuisson : 10 min

4 épis de maïs

¼ de chou rouge

2 carottes

2 oignons fanes

3 cl de vinaigre de cidre

1 cuil. à soupe de curry en poudre

1 cuil. à café de graines de coriandre moulues

Huile d'olive

Sel

1 Épluchez les carottes et coupez-les en morceaux. Épluchez les oignons. Émincez le chou et les oignons.

2 Faites revenir dans une poêle le maïs et les carottes avec le curry, du sel et un filet d'huile d'olive pendant 10 minutes.

3 Faites cuire dans une casserole le chou avec le vinaigre et les graines de coriandre pendant 5 minutes en remuant de temps en temps.

4 Servez le maïs aux carottes avec le chou et les oignons.

Vous pouvez remplacer les épis de maïs par du maïs cuit en conserve, plus simple à trouver en grande surface.

Notes : ______________________________

____

____

SALADE
de soba aux légumes

Pour 4 personnes

Préparation : 8 min

Cuisson : 7 min

200 g de soba

2 carottes

150 g de petits pois congelés

150 g de haricots plats

3 branches de cive

½ botte de persil

2 cl de sauce soja

3 cuil. à soupe de vinaigre de cidre

1 cuil. à soupe de graines de sésame

Huile d'olive

Sel, poivre

Notes :

1 Épluchez et émincez les carottes. Coupez les haricots plats en morceaux. Ciselez le persil et la cive.

2 Faites cuire les soba dans une casserole d'eau bouillante salée le temps indiqué sur le paquet avant de les égoutter.

3 Faites revenir dans une poêle les carottes, les petits pois, la cive et les haricots plats avec les graines de sésame et un filet d'huile d'olive pendant 7 minutes.

4 Mélangez les légumes avec les soba, le persil, la sauce soja et le vinaigre. Salez et poivrez.

Vous pouvez ajouter, à l'étape 3, un peu de gingembre frais et de miel.

SALADE
d'antipasti

Pour 4 personnes

Préparation : 10 min

Cuisson : 10 min

150 g de pâtes de votre choix

100 g d'artichauts marinés

150 g de poivrons confits

150 g de grosses olives

100 g de poulpe ou calamar géant cuit

100 g de pesto

2 cuil. à soupe de vinaigre balsamique

1 poignée de pignons de pin

Sel, poivre

Notes : ....

1 **Faites cuire** les pâtes dans une casserole d'eau bouillante salée le temps indiqué sur le paquet avant de les égoutter.

2 **Coupez** les artichauts, les poivrons et le poulpe en morceaux.

3 **Mélangez** les pâtes, les artichauts, les poivrons, les olives, le poulpe et le pesto.

4 **Parsemez** de pignons de pin et arrosez d'un filet de vinaigre balsamique. Salez, poivrez et servez.

Pour cette recette, il est important de cuire les pâtes très al dente. Vous pouvez aussi l'accompagner d'un peu de roquette.

SALADE
de houmous, betterave crue, bruccio, noisettes

Pour 4 personnes

Préparation : 10 min

400 g de houmous

1 betterave crue

150 g de fromage bruccio

1 poignée de pousses d'épinard

1 poignée de noisettes

2 échalotes

2 citrons jaunes

1 cuil. à café de graines de cumin

Huile d'olive

Sel, poivre

Notes : ....

....

....

1 Épluchez et râpez la betterave. Coupez le fromage en fines lamelles. Concassez les noisettes. Épluchez et émincez les échalotes.

2 Répartissez le houmous dans 4 assiettes. Recouvrez de betterave, de fromage, de pousses d'épinard, de noisettes, d'échalotes et de graines de cumin.

3 Pressez les citrons sur le tout. Arrosez d'un filet d'huile d'olive, salez et poivrez.

Remplacez les pousses d'épinard par la salade qui vous plaît. N'hésitez pas à ajouter quelques zestes de citron ou de l'origan.

SALADE
melon-fenouil

Pour 4 personnes

Préparation : 5 min

1 poignée de mesclun

1 melon

1 bulbe de fenouil

150 g de ricotta

1 oignon rouge

1 poignée de noix

½ botte de basilic

4 cuil. à soupe de vinaigre de Xérès

Huile d'olive

Sel, poivre

Notes : ....

1 **Épluchez** le melon, videz-le et coupez-le en morceaux. Pelez l'oignon. Émincez le fenouil, l'oignon et le basilic.

2 **Mélangez** le melon, le mesclun, le fenouil, l'oignon, les noix et le basilic.

3 **Recouvrez** de ricotta et arrosez d'huile d'olive et de vinaigre. Salez et poivrez.

Vous pouvez aussi servir votre salade sous forme de carpaccio de melon et fenouil.

VEGAN

SALADE
de roquette, fèves, millet

Pour 4 personnes

Préparation : 10 min

Cuisson : 10 ou 20 min

1 poignée de roquette

200 g de millet ou de semoule

250 g de fèves écossées

2 oignons fanes

1 avocat

2 tomates

2 citrons jaunes

2 branches de romarin

Huile d'olive

Sel, poivre

1 Faites cuire le millet ou la semoule avec 1 branche de romarin dans une casserole d'eau bouillante salée le temps indiqué sur le paquet avant d'égoutter. Faites cuire les fèves de la même façon pendant 10 minutes.

2 Râpez et pressez les citrons. Pelez l'avocat, dénoyautez-le et coupez-le en morceaux. Épluchez et émincez les oignons. Taillez les tomates en tranches. Effeuillez et hachez la dernière branche de romarin.

3 Mélangez le millet ou la semoule, la roquette, les fèves, l'avocat, les tomates, l'oignon, le zeste de citron et le romarin haché. Salez, poivrez, puis arrosez d'un filet d'huile d'olive et de jus de citron.

Faites cuire le millet 20 minutes dans une casserole d'eau bouillante salée avant de l'égoutter ou versez 20 cl d'eau bouillante sur la semoule et laissez gonfler à couvert pendant 10 minutes.

Notes : ....

SALADE GRECQUE
aux vermicelles

Pour 4 personnes

Préparation : 10 min

Cuisson : 2 min

150 g de vermicelles de blé

1 concombre

2 tomates

80 g d'olives

1 oignon rouge

200 g de feta

1 cuil. à soupe d'origan

Huile d'olive

Sel, poivre

1 Faites cuire les vermicelles dans une casserole d'eau bouillante salée le temps indiqué sur le paquet avant de les égoutter.

2 Épluchez et émincez l'oignon. Coupez les tomates et la feta en morceaux et le concombre en tranches.

3 Mélangez les vermicelles, le concombre, les tomates, les olives, l'oignon, la feta et l'origan. Arrosez d'un bon filet d'huile d'olive, salez et poivrez.

Si vous en avez, utilisez de l'origan frais pour votre salade.

Notes : ....

....

....

SALADE NIÇOISE

Pour 4 personnes

Préparation : 10 min

Cuisson : 15 min

600 g de pommes de terre

150 g de thon cuit mariné à l'huile d'olive

200 g de tomates cerises

1 poignée de haricots verts

2 échalotes

4 œufs

2 cuil. à soupe de câpres

1 cuil. à soupe d'herbes de Provence

½ botte de basilic

Huile d'olive

Sel, poivre

Notes : ....

....

....

1 Épluchez les pommes de terre et coupez-les en morceaux. Plongez-les dans une casserole d'eau salée, portez à ébullition et faites cuire pendant 7 minutes. Ajoutez les haricots verts équeutés et prolongez la cuisson de 8 minutes. Égouttez le tout.

2 Plongez les œufs pendant 11 minutes dans une casserole d'eau bouillante. Égouttez et écalez les œufs. Coupez-les en quartiers.

3 Coupez les tomates cerises en deux. Épluchez et émincez les échalotes. Ciselez le basilic.

4 Mélangez les pommes de terre et les haricots verts avec le thon, les tomates cerises, les échalotes, les œufs, les câpres, les herbes de Provence et le basilic. Versez un filet d'huile d'olive, salez et poivrez.

Vous pouvez remplacer le thon mariné à l'huile par des anchois.

VEGAN

TABOULÉ COMPLET

Pour 4 personnes

Préparation : 10 min

Repos : 10 min

200 g de semoule

1 oignon rouge

1 tomate

1 poivron

1 concombre

2 citrons jaunes

1 poignée de raisins secs

1 botte de persil

1 botte de coriandre

2 cuil. à soupe de cumin en poudre

Huile d'olive

Sel, poivre

Notes : ....

1 **Versez** 40 cl d'eau bouillante salée sur la semoule et couvrez 10 minutes.

2 **Épluchez** l'oignon et videz le poivron. Coupez la tomate, le concombre, l'oignon et le poivron en petits morceaux. Pressez les citrons jaunes. Ciselez le persil et la coriandre.

3 **Mélangez** la semoule avec la tomate, l'oignon, le poivron, le concombre, les raisins secs, le persil, la coriandre et le cumin. Arrosez d'huile d'olive et de jus de citron. Salez et poivrez.

Frottez la semoule avec l'huile d'olive avant cuisson pour apporter goût et texture.

BIBIMBAP

Pour 4 personnes

Préparation : 15 min

Cuisson : 10 min

300 g de tofu

2 carottes

2 avocats

1 petit brocoli

1 poignée de champignons de Paris

3 branches de cive

2 cl de sauce soja

1 cuil. à soupe de miel

1 cuil. à soupe de graines de sésame

Huile d'olive

Sel, poivre

Notes : ....

1 Coupez le tofu en tranches. Épluchez les carottes et les avocats. Dénoyautez les avocats. Émincez les carottes, les avocats, les champignons et la cive. Coupez le brocoli en morceaux.

2 Faites revenir dans une poêle le tofu, le brocoli, les champignons et la cive avec un filet d'huile d'olive, la sauce soja, le miel, du sel et du poivre pendant 10 minutes. Ajoutez un peu d'eau à mi-cuisson.

3 Disposez les carottes, l'avocat et le tofu avec les légumes dans 4 bols et parsemez de graines de sésame.

Lors de la cuisson, agrémentez vos légumes de coriandre fraîche ciselée, de gingembre râpé ou de quelques gouttes de vinaigre doux (par exemple vinaigre de cidre ou vinaigre de bière).

MESURES *utiles*

1 NOISETTE DE BEURRE =
4 grammes

1 NOIX DE BEURRE =
15 grammes

1 CUILLERÉE À SOUPE

= **15** grammes de sucre, sel ou beurre

= **12** grammes de farine ou semoule

= **1,5** cl de liquide

= **3** cuillerées à café

1 CUILLERÉE À CAFÉ

= **5** grammes de sel, sucre ou beurre

= **5** ml d'huile ou crème fraîche

= **0,5** cl de liquide

= **4** grammes de farine ou semoule

1 PINCÉE DE SEL =
1 gramme

1 MORCEAU DE SUCRE =
5 grammes

Économat

Dans le placard

Sels (sel fin, gros sel, fleur de sel, sels aromatisés) et **poivres** (noir ou exotique)

Huiles de goût neutre (maïs, tournesol, colza) ou parfumées (olive, noix...)

Vinaigres (blanc, rouge, balsamique, de Xérès, de cidre...)

Lait (entier, allégé ou écrémé)

Crème liquide

Sucres (sucre semoule blanc ou roux, sucre glace)

Sauces asiatiques (soja, hoisin, teriyaki...)

Farine

Levure chimique

Cacao en poudre

Plaquettes de chocolat

Aides culinaires : bouillons et courts-bouillons déshydratés en cubes et en tablettes, gelée alimentaire en feuilles ou en poudre, fonds de veau ou de volaille, Maïzena®

Vanille (extrait ou gousse)

Riz, pâtes, semoules et céréales

Herbes

Épices

Fruits secs

Graines (sésame, lin, tournesol...)

Tomates en conserve

Ail, échalote, oignons et pommes de terre

Température du four

Thermostat	Température approximative
1	**30 °C** (à peine tiède)
2	**60 °C** (tiède)
3	**90 °C** (chaleur très douce)
4	**120 °C** (chaleur douce)
5	**150 °C** (chaleur modérée)
6	**180 °C** (chaleur moyenne)
7	**210 °C** (assez chaud)
8	**240 °C** (chaud)
9	**270 °C** (très chaud)
10	**300 °C** (chaleur vive)

Dans le réfrigérateur

Œufs

Beurre

Moutardes

Herbes fraîches

Fromages

Super pratique !

Dans le congélateur

Herbes

Fruits

Légumes

TABLE des RECETTES

INDEX

Directeur éditorial : **Didier Férat**
Édition : **Diane Monserat**
Graphisme : **Julia Philipps**
Mise en page et photogravure : **Chromostyle**
Fabrication : **Laurence Duboscq**

92 avenue de France, 75013 Paris

ISBN : 978-2-263-16948-9
Code éditeur : L16948
Dépôt légal : janvier 2020
Imprimé en Pologne par Interak

L'éditeur de cet ouvrage s'engage pour la préservation de l'environnement et utilise uniquement du papier certifié FSC©, issu de forêts gérées de manière responsable.

FSC
www.fsc.org
MIXTE
Issu de sources responsables
FSC® C003309